AU
ROI POPULAIRE,

PAR

HUGUES MILHOT.

PARIS,

CHEZ L'AUTEUR, SALON LITTÉRAIRE,

GALERIE VIVIENNE, N° 39.

1831.

Imprimerie de David,
Boulevart Poissonnière, n. 6.

AU ROI POPULAIRE.

SIRE,

Ce titre me permet de vous dire ce que je pense ; je n'ajouterai pas qu'il m'en donne le droit, je le tiens de plus haut. Assez d'autres vous répéteront que tout ce que vous avez fait est bien ; mon devoir est de vous signaler les fautes que vous avez commises ; ce devoir m'est dicté par mon amour pour mon pays, préférable à toute individualité.

J'éprouve d'abord le besoin d'écarter un léger obstacle, élevé entre nous par ce qu'on nomme *responsabilité ministérielle*; problème le plus difficile à résoudre en politique. Jusqu'à ce jour cette responsabilité a été, je ne dirai pas une déception, mais une illusion, dont M. le Procureur du Roi ne pourrait lui-même me démontrer la réalité.

Ainsi que vos prédécesseurs, vous êtes, à mes yeux, environné non d'agens responsables, mais de conseillers ; et c'est à leurs mauvais conseils que j'attribuerai vos erreurs. Tel sera votre palladium ; tel sera le retranchement derrière lequel je pourrai vous parler avec franchise. Je ne dirai pas : le Roi ne peut faillir ; mais je dirai : le Roi peut être trompé.

La première faute qu'on vous a fait commettre

est d'avoir voulu fonder une espèce de royauté bâtarde, composée de légitimité et de souveraineté du peuple, d'aristocratie et de popularité, expressions qui hurlent ensemble.

Le droit divin n'est qu'un vieux préjugé auquel on ne croit pas plus qu'aux miracles. Quant à la souveraineté du peuple, tout le monde sait ce qu'elle est, comme l'a dit, dans une dernière séance, l'illustre Lafayette : on donne peu de leçons en politique aujourd'hui : les passions se heurtent dans nos débats, mais chacun sait à quoi s'en tenir sur la valeur de ses argumens. Je ne dirai donc rien de nouveau en établissant que la souveraineté du peuple est l'expression de la volonté de tous les citoyens, sans exception. Comment se manifeste cette volonté? Par la majorité bien constatée des votes que chaque individu doit émettre dans toute la plénitude de sa liberté. Cette vérité est devenue triviale depuis que nous avons des Chambres. Chaque individu peut déléguer ses pouvoirs à un représentant. Les représentans délibèrent dans les limites de leur mandat; il y a usurpation dès qu'il s'en écartent.

Pour être véritablement légitime, un gouvernement doit avoir pris naissance dans la souveraineté du peuple; s'il dépasse les bornes qui lui sont assignées par cette souveraineté, il devient tyrannique. Lorsque le peuple le renverse et le punit de son parjure, il est châtié comme il le mérite. Charles X est tombé pour avoir écouté de coupables conseillers qui lui ont fait méconnaître ces vérités.

La chûte du gouvernement entraîne la nullité des institutions qui en sont la base : pouvoir exécutif, législatif et judiciaire, tout rentre nécessairement dans la souveraineté du peuple.

Sire, lorsqu'on vous a décerné la couronne, on vous a dit qu'il y avait nécessité, force majeure; on vous a trompé : ceux qui ont deviné le vœu du peuple n'avaient pas mission pour le proclamer. Il y avait nécessité de comprimer l'anarchie, afin que les existences et les intérêts fussent conservés ; il fallait encore maintenir l'ordre pour que la souveraineté du peuple, *seul pouvoir alors en vigueur,* pût librement manifester sa volonté. Pour le maintien de cet ordre, les citoyens eux-mêmes étaient là. Assez d'actions de grâces ont été prodiguées à la garde nationale, il n'est pas nécessaire d'énumérer les services qu'elle a rendus.

Que nous fallait-il? Un lieutenant-général, jusqu'à ce que la volonté de la France fût connue. Sans nous occuper pour le moment de ce qu'elle aurait fait en faveur d'un prince qui n'aurait eu d'abord d'autre soin que d'assurer son indépendance, examinons les droits des hommes qui nous ont constitués. Je vous dirai la vérité tout entière, parce qu'elle est nécessaire aux conseils que la liberté de la presse me permet de vous donner. Tous les maux que nous souffrons depuis huit mois, et ceux plus affreux dont nous sommes menacés, proviennent de ce que, tout en caressant la souveraineté nationale, on l'a méconnue. Je dis cela, parce que je le crois; et si je le crois, qui pourra me blâmer de l'avoir dit? Ceux qui en prendraient la responsabilité mentiraient à leur conscience.

Les 221 citoyens qui nous ont constitués n'étaient plus députés après l'anéantissement des institutions qui avaient légitimé leur élection : ce serait une discussion oiseuse que d'examiner longuement cette question. De qui avaient-ils reçu leur mandat? de quelques milliers d'imposés. Est-ce-là la majorité de trente millions de Français? Cette imperceptible aristocratie était le produit d'un pacte social, octroyé à la France par un émigré, en présence de six cent mille baïonnettes coalisées. De quelle nature était le mandat décerné aux 221? c'était de faire respecter la Charte de 1814. Quel rappport avait cette mission avec celle de nous octroyer la Charte de 1830 et de nous donner un roi? Je n'ai qu'un mot à ajouter : on ne peut combattre ces principes qu'en justifiant toutes les usurpations.

Le peuple français préférait sans doute la royauté populaire à la république; mais de quel droit est-on venu le mettre en tutelle, et le déclarer incapable de choisir lui même ce qui lui convient?

Sire, vous avez commis une faute en acceptant ainsi le pouvoir; cette faute est devenue une source intarissable d'inquiétudes, de tiraillemens, de défiance et de malaise; et plus on a différé de la réparer, plus se sont augmentées les difficultés.

Si, au lieu d'usurper un mandat, une des Chambres (pourquoi celle des députés plutôt que celle des pairs?) ou les deux chambres réunies avaient nommé d'urgence un dictateur, sous le nom de lieutenant-général, pour convoquer des assemblées primaires, dans lesquelles des représentans, librement élus par tous les citoyens, auraient reçu la mission de nous constituer; si de cette conttitution il était résulté un roi, qui aurait pu lui contester sa légitime origine? M. de

Kergorlay et tant d'autres l'auraient-ils publiquement osé? Si enfin, au lieu d'un roi, la constitution avait produit une république, qui aurait pu enlever à la France le droit de se constituer comme elle l'aurait entendu? Ce danger, qui n'était pas à craindre alors, pourra devenir menaçant dans la suite. Ici je dois encore une vérité : les horreurs de la république de 93 rendaient préférable aux Français un roi qui se serait appliqué à réaliser les conséquences de notre révolution; mais une royauté nouvelle, qui s'obstinerait à marcher en sens inverse de son principe, pourrait rallumer l'amour de la république chez un peuple qui a pour tribuns les journaux, pour forum les salons littéraires, et pour garantie de l'ordre tous les citoyens armés. La souveraineté nationale aurait, dès les premiers jours, décerné au citoyen, recommandable par ses antécédens, une couronne modifiée selon nos besoins et nos lumières. Un roi, véritable élu du peuple, aurait travaillé de concert avec un corps législatif légitimement élu comme lui; des pairs sincèrement dévoués à nos institutions nouvelles auraient été nommés; l'administration aurait été régénérée, et tous les pouvoirs, en harmonie avec leur principe, auraient développé des institutions d'où l'on aurait vu naître l'union, la force, le repos, la confiance et la prospérité.

Sire, lorsqu'on vous a fait dire : « désormais la Charte sera une vérité », on vous a fait commettre une erreur. La Charte ne pouvait produire ce qu'elle n'était pas elle-même ! C'est en vain qu'on embrouillera la question : le peuple en sait assez pour ne pas se laisser prendre aux sophismes.

Voyez aussi comme elle a tenu ses promesses, cette Charte, si diversement interprétée. Si on demande à ses prôneurs : qu'avez-vous fait de notre crédit, de notre commerce, de notre industrie, de notre union, de notre honneur, que pourront-ils répondre?

On vous a donné encore un pernicieux conseil, en vous engageant à conserver pour auxiliaires les hommes sans mission légitime, qui devaient nécessairement s'opposer aux développemens des principes de notre régénération. Le but de vos conseillers a été de fonder une aristocratie avec un petit nombre de contribuables privilégiés; il a fallu pour cela traîner le char de l'état dans les ornières de la restauration, conserver au pouvoir les partisans de l'ancien système, préférer le jésuitisme au libéralisme, adopter les abus, continuer les mêmes dépenses, ajouter, selon les circonstances, au poids énorme du budget, emmaillotter le commerce dans le stupide système des restrictions, écarter des affaires les bons citoyens, persécuter les écrits véridiques, fermer les yeux sur l'hypocrisie d'une feuille jésuitique et tolérer les insultes à l'honneur national, ainsi que les provocations à l'invasion étrangère, du journal officiel d'Holyrood, comprimer enfin l'indignation populaire par des lois exceptionnelles qui pourront ensanglanter de nouveau les rues de la capitale ; système insensé, au bout duquel la vérité m'ordonne de vous montrer l'abîme où s'est engloutie la branche aînée des Bourbons. Une telle leçon sera-t-elle perdue? Je dois l'annoncer, le premier coup mortel, tiré dans les rues pour la défense du trône, contre un citoyen, sera le suicide de la royauté.

Malgré la faute immense qu'on avait commise en dédaignant la sanction populaire, seule infaillible et inattaquable, les Français, entraînés par vos antécédens, avaient généreusement oublié leurs droits : ils souffraient avec résignation leurs maux, attendant de votre loyauté des efforts sincères pour développer enfin les principes d'une révolution aussi grande que modérée. Ils vous ont prodigué des preuves de dévoûment; ils ont abandonné leurs intérêts, leurs familles, pour s'exposer, avec une stoïque impassibilité, aux menaces, aux injures et aux outrages. Ils ont maintenu l'ordre, après même que tant d'abnégation a été récompensée par la destitution du Général, objet de leur admiration et de leur amour. Croyez-vous, dès les premiers jours, que si leurs votes eussent été interrogés, ils eussent été hostiles au Roi qui ne cherche pas dans ses aïeux un vain prestige de puissance? Voilà cependant les bons citoyens, voilà la véritable majorité nationale! Que de fois ne les avons-nous pas surpris dans leurs plaintes amères, toujours comprimées par le besoin de l'ordre, faire la part des égoïstes et perfides conseillers et des qualités généreuses du Roi citoyen qu'ils avaient adopté : « Qu'il viennne à nous, disaient-ils, nos cœurs sont là pour l'aimer, comme nos bras se sont armés pour le défendre! »

Sire, si l'aristocratie de l'ancienne Charte continue à vous susciter des embarras, si la Chambre, véritable vampire des popularités, si les éteignoirs de toutes les capacités ministérielles, ne veulent pas nous accorder les institutions qui nous sont nécessaires, interrogez, sans crainte, le scrutin national; vous y trouverez des noms, gages de concorde et de confiance à l'intérieur, comme ils seront redoutables aux envahisseurs et aux tyrans!

De l'intérieur portons nos regards sur notre politique étrangère, nous verrons se multiplier les fautes que vous ont fait commettre vos imprudens conseillers. Chaque jour, on vous fait perdre un des précieux avantages de la plus belle position dans laquelle se soit encore trouvé un prince, placé à la tête d'un grand peuple.

Sire, on vous a fait méconnaître le véritable caractère de notre nation, l'honneur plus encore que la liberté fut, de tout temps, l'idole de la France. Les institutions libérales ne sont pas à la portée de tout le monde; mais tout cœur français tressaille au nom de l'honneur. Les célébrités dans tous les genres, la gloire de Napoléon et nos lumières font de nous la première des nations civilisées. La restauration elle-même a cru devoir anéantir une antique horde de pirates, pour un coup d'éventail, et le roi de la révolution souffrirait *chapeau bas* les provocations des esclaves du Nord, les insultes des Autrichiens et le coup de pied de l'âne de Modène! Qui de nous n'a le front humilié, lorsqu'il voit chaque jour notre diplomatie démentir ses promesses! Le sang des patriotes étrangers retombera sur la tête des malheureux qui n'ont répondu aux cris de détresse de nos alliés que par d'ignobles calembourgs sur l'intervention! Héroïques Polonais! nos amis, nos frères, nos défenseurs, ne maudissez pas la France, car elle maudit les lâches qui vous abandonnent! le jour viendra où, brisant un joug infâme, vous nous reverrez dignes de nous et de nos pères: Croyez-en nos sympathies pour vos malheurs, croyez-en ces larmes que la rage

arrache à nos guerriers que l'on fait assister,
l'arme au bras, aux funérailles de la liberté !

Sire, on vous dit que la Pologne est trop loin;
les Français ne comptent pas plus leurs ennemis
que les distances ; y a-t-il plus loin de la Vistule
au Rhin, que du Rhin à la Vistule? Et le chemin
qui a conduit deux fois les Russes à Paris, ne
pourrait-il nous conduire dans la capitale de la
Pologne? Les barbares ont pour eux les despotes,
Les peuples ne sont-ils pas pour nous ? Et le mo-
tif qui engage les Russes à venir étouffer la liberté dans notre patrie, est-il plus noble que le
devoir d'empêcher le massacre de nos anciens
frères d'armes ! L'amour de la liberté excitera-
t-il dans nos cœurs un élan moins impétueux
que la stupide servilité des esclaves de l'ancienne
Tartarie? Il n'est pas Français celui qui a dit que
la Pologne est destinée à périr.

On veut vous faire étouffer tous vos amis et
vos alliés ; et, lorsque les étrangers vous au-
ront environné d'un immense réseau de barbares, d'ignorans, de fanatiques et de despotes;
qu'au cœur même de l'État vos ennemis se seront emparés de toutes les positions , on vous
adressera d'ironiques discours. Vous sortirez
enfin d'une profonde léthargie, réveillé par l'éclat
de la foudre ; mais il sera trop tard , vous serez
traité comme un usurpateur.

Les courtisans vous diront peut-être que mon
but est de vous offenser; ils savent cependant
aussi bien que moi que les rois, faibles et sujets,
comme nous, à erreur, sont plus coupables lorsqu'ils s'aveuglent, parce qu'ils ont entre les mains
le sort des nations. Les flatteurs n'ignorent pas,
non plus, que les rois commettraient moins de

fautes si la vérité, quelquefois terrible, leur était montrée dans toute sa nudité. Jadis on l'adressait aux princes, déguisée sous des formes allégoriques. Nous parlons aujourd'hui au *Roi populaire*. De quelle utilité serait la liberté de la presse si les auteurs étaient, comme autrefois, condamnés à cacher leur pensée dans des contes comme ceux de Voltaire et de Rabelais ?

Ce n'est point assez, Sire, d'avoir, jeune encore, suivi nos braves à Jemmapes et à Valmy. Un trône nouveau demande une gloire nouvelle. Chaque royauté a son principe : celui de la restauration était le droit divin, porté sur un million de baïonnettes; celui de l'empire était la conquête, le vôtre est la popularité : en France, il n'est pas de popularité pour une couronne humiliée devant l'étranger; disons le mot : il n'en est pas sans honneur.

Des conseillers insensés vous font renier cette popularité, qui vous était si justement acquise. Chaque jour ils brisent de nouveaux appuis de votre trône populaire, ils chassent au loin vos sincères amis, Lafayette, Dupont (de l'Eure), Odillon-Barrot, Delaborde, Lamarque; en un mot, tous les vrais patriotes ont été remplacés près de vous par des hommes qui vous abandonneront au jour du danger, comme ils ont fait à l'égard de Charles X.

Encore un mot sur l'étranger : si vos conseillers n'avaient pas employé toute leur puissance pour violer les lois de la non-intervention et même celles de l'hospitalité envers les libéraux exilés parmi nous, ces derniers, sans vous demander trésors, armées et sacrifices énormes, auraient environné la France d'états libres, et tout le midi de l'Europe aurait formé une immense coalition d'hommes éclairés et indépendans, à jamais invincibles contre l'agression des barbares du nord. Notre patrie réalisait alors le vœu du grand Frédéric. D'un côté, appuyée sur la Péninsule espagnole, sa droite sur la Suisse et l'Italie, sa gauche sur l'Océan, son front sur la Belgique, elle dictait des lois à tous ses ennemis, non dans un esprit de propagande, mais pour assurer le véritable équilibre des droits et des intérêts des nations. La Pologne bientôt régénérée formait un cordon sanitaire de vingt millions d'habitans contre l'invasion du cholera-morbus et la férocité des cosaques. La Suède, gouvernée par un Français, ne pouvait, sans ignominie, refuser notre alliance. Le fier Ottoman relevait sa tête humiliée. La Perse, au-delà du Caucase, aurait senti se réveiller sa vieille rancune, et le tyran du nord se serait trouvé resserré dans un cercle de peuples libres et valeureux, qui l'auraient refoulé à jamais dans ses antres et son horrible climat. Ajoutez à ces puissans auxiliaires la sympathie de tous les peuples, Anglais, Allemands, Prussiens, et même jusqu'aux habitans de Saint-Pétersbourg, sans parler des états du Nouveau-Monde. Voilà ce que notre diplomatie et notre politique intérieure ont négligé de réaliser !

Vingt batailles rangées seront bientôt inévitables pour reconquérir les positions que nous avons laissé prendre. Cinq cent mille Français pouvaient montrer au nord l'éclat terrible de leur gloire et de leurs armes régénérées. Cent mille hommes seront aujourd'hui nécessaires sur les Pyrénées pour déjouer les intrigues de l'aristocratie anglaise, notre éternelle ennemie. On sait ce qu'a produit, sous Napoléon, le gouvernement des moines à Lisbonne et à Madrid : la perfidie de Ferdinand, les insultes et la férocité de Don Miguel vous présagent ce que vous devez attendre de ce côté de nos frontières.

Cent mille hommes devront aussi se précipiter sur les Alpes pour châtier l'insolent Autrichien ; le nord, qui se dispose à se ruer sur nous, réclame le reste de nos efforts.

La France prouvera qu'elle peut encore contre l'Europe, ce qu'elle a déjà fait ; mais elle ne sera plus guidée par les déserteurs de la non-intervention. Et quels efforts immenses elle pouvait s'épargner, si de lâches conseillers ne s'étaient emparés de ses destinées !

Sire, l'aristocratie qui vous flatte aujourd'hui ne sera jamais un appui solide pour vous ; je l'ai dit : votre principe est la popularité. Les aristocrates, qui se croient de nouveaux Lycurgues, parce qu'ils paient cent écus, n'ont d'autre idole que l'intérêt, d'autre mobile que la peur ; ils redoutent plus les passions d'un généreux civisme qu'une nouvelle invasion, dans l'espoir, cette fois erroné, qu'on les laisserait jouir de leur propriété, à laquelle ils vouent toutes leurs affections. Peut-on attendre d'utiles conceptions de Chambres ignorantes de l'avenir comme elles sont oublieuses du passé ? Nos institutions, dénaturées par les admirateurs de 1814, produiront-elles des représentans sincèrement dévoués à la patrie ?

Deux moyens s'offrent pour prévenir les malheurs dont nous sommes menacés. Le meilleur, sans contredit, serait d'en venir à ce qu'on aurait dû faire dès le principe ; la nation, retrempée dans des assemblées primaires, se réveillerait plus forte et plus grande que jamais, et peu de tems suffirait pour cicatriser ses blessures. Dictateur, sous le nom de lieutenant-général, appuyé sur la garde nationale, vous attendriez avec toute la pureté de votre conscience le résultat des votes qui récompenserait bientôt une aussi belle abnégation.

Si la situation des affaires, ce que je n'admets pas, fait entrevoir du danger dans le désordre passager qu'entraînerait cette opération, restez roi, Sire ; aussi bien, c'est encore le vœu de tous les bons Français : vous le seriez après comme vous l'êtes avant l'épreuve. Mais entourez-vous de vos amis patriotes; remplacez les trembleurs par les Lafayette, Dupont (de l'Eure), Delaborde, Odillon-Barrot, Lamarque, Mathieu Dumas ; n'oubliez pas même le directeur des douanes disgracié, Dubois Aymé : c'est peut être le seul employé capable, sous tous les rapports, de régénérer la plus véreuse des administrations. Je pourrais encore citer un grand nombre de citoyens vertueux, mais une fois dans la bonne voie, les choix deviendront faciles. Environné de pareils hommes, vous convoquerez un congrès national, et nous aurons bientôt des représentans avec lesquels vous obtiendrez union, confiance, repos et prospérité au dedans. C'est alors que l'étranger ne considérera plus avec férocité cette belle France comme une proie facile à dévorer; alors vous serez certain que la crainte d'une guerre, autre que celle du juste milieu, engagera l'étranger à recevoir une paix véritablement solide et honorable pour nous; celle que nous avons aujourd'hui nous fait supporter le malaise et le fardeau de la guerre. Croyez-en les capitalistes : l'intérêt est pour eux un excellent prophète ; ils sentent bien qu'en protestant de leurs intentions pacifiques, les étrangers se moquent de nous.

Sire, mon langage n'est pas celui que vous entendez chaque jour ; j'ai pu vous dire avec véhémence de rudes vérités ; mais il n'est pas question pour moi d'un faible intérêt. Celui de votre trône, je ne vous le dissimulerai pas plus qu'autre chose, ne serait pour moi que secondaire ; mais à lui se rattachent l'honneur, la fortune, l'indépendance et peut-être l'existence d'un pays auquel je suis fier d'appartenir. A la distance où je suis, j'ai dû parler haut pour me faire entendre ; et, d'ailleurs, comment s'exprimer humblement lorsqu'on se sent digne d'être Français, et qu'on est tourmenté par la fièvre de l'indignation !

FIN.